ANALIZA KSIĄŻKI

Śmierć w Wenecji

• • • • • • • • • • • • • • • • • •

Thomas Mann

ANALIZA KSIĄŻKI

Napisany przez Natalia Torres Behar
Przetłumaczony przez Kâmil Kowalski

Śmierć w Wenecji

THOMAS MANN

THOMAS MANN

NIEMIECKI POWIEŚCIOPISARZ I ESEISTA

- **Urodził się w Lubece (Cesarstwo Niemieckie) w 1875 roku.**

- **Zmarł w Zurychu w 1955 roku.**

- **Nagrody literackie:**

  ○ Nagroda Nobla w dziedzinie literatury, 1929 r.

  ○ Nagroda Goethego, 1949 r.

- **Godne uwagi wyróżnienia:**

  ○ Członek American Academy of Arts and Letters (wybrany w 1950 roku)

  ○ Członek Akademii Sztuk Pięknych w Berlinie

- **Godne uwagi prace:**

  ○ *Buddenbrookowie* (1901), powieść

  ○ *Czarodziejska góra* (1924), powieść

  ○ *Józef i jego bracia* (1933-1943), czteroczęściowa powieść

  ○ *Doktor Faustus* (1947), powieść

Paul Thomas Mann urodził się 6 czerwca 1875 roku w Lubece, mieście w nowo powstałym Cesarstwie Niemieckim. Jego ojciec był zamożnym niemieckim kupcem, a matka Brazylijką o niemieckim, portugalskim i indyjskim pochodzeniu. Choć nigdy nie był szczególnie błyskotliwym uczniem, zawsze ciągnęło go do pisania i pochłaniał dzieła niemieckich filozofów, co miało duży wpływ na jego późniejszą twórczość. W wieku nastoletnim Mann zdał sobie sprawę, że pociągają go inni chłopcy, a jego zmagania z homoseksualizmem znajdują odzwierciedlenie w jego twórczości. Na uniwersytecie uczęszczał na zajęcia z literatury, mitologii, ekonomii, sztuki i historii, a w 1895 roku po raz pierwszy pojechał do Włoch ze swoim starszym bratem Heinrichem. W tym czasie napisał swoją pierwszą powieść *Buddenbrookowie,* która przyniosła mu uznanie w europejskim świecie literackim. Wkrótce osiągnął światową sławę i stał się jedną z najważniejszych postaci literatury XX wieku.

W 1905 roku Mann poślubił Katię Pringsheim, córkę żydowskiego matematyka, z którą miał sześcioro dzieci. Choć nie jest to widoczne w jego pismach, jego życie osobiste było naznaczone tragedią: dwie jego siostry i dwoje jego dzieci (powieściopisarz Klaus i muzyk Michael) popełnili samobójstwo. Tymczasem dwoje jego dzieci, Erika i Klaus, poszło w jego ślady bardziej niż inni: oprócz tego, że rozpoczęli karierę literacką jak ich ojciec, oboje byli również gejami. Było to dla nich źródłem osobistego bólu: Erika zawarła nieszczęśliwe i krótkotrwałe małżeństwo z homoseksualnym aktorem Gustafem Gründgensem (1899-1963), Klaus zaś zaręczył się ze swoją przyjaciółką z dzieciństwa Pamelą Wedekind, po czym zerwał.

Mann opublikował serię udanych powieści na początku XX wieku i otrzymał literacką Nagrodę Nobla w 1929 roku. Jednak wraz z powstaniem nazizmu i Adolfa Hitlera (przywódca partii nazistowskiej i kanclerz Niemiec, 1889-1945), którego Mann otwarcie krytykował, został zmuszony do emigracji do Szwajcarii, a następnie do USA, gdzie wykładał na Uniwersytecie Princeton. W USA w czasach McCarthy'ego spotkał się jednak z innego rodzaju prześladowaniami, co skłoniło go pod koniec lat 40. do powrotu do Szwajcarii. Zmarł w okolicach Zurychu w 1955 roku.

Mann jest powszechnie uznawany za jednego z największych niemieckojęzycznych pisarzy wszech czasów, a jego pisarstwo i myśl wywarły duży wpływ na literaturę europejską XX wieku. Jego ogromny dorobek obejmuje wiele gatunków, w tym teatr, opowiadania, powieści i pisma autobiograficzne. Był również wczesnym zwolennikiem praw gejów, otwarcie popierał prawo jednostek do podejmowania własnych decyzji dotyczących ich życia prywatnego.

ŚMIERĆ W WENECJI

OPOWIEŚĆ O OBSESJI, CHOROBIE I UPADKU

- **Gatunek:** nowela psychologiczna

- **Wydanie referencyjne:** Mann, T. (2001) *Death in Venice & A Man and His Dog/Der Tod in Venedig & Herr und Hund.* Trans. Applebaum, S. Mineola: Dover Publications, Inc.

- **1 wydanie:** 1912

- **Tematy:** podróż, śmierć, młodość, starość

Nowela *Śmierć w Wenecji* została opublikowana w 1912 roku. Opowiada historię Gustava von Aschenbacha, znanego niemieckiego pisarza po pięćdziesiątce, który zmaga się z blokadą pisarską, ale znajduje nowe życie w Wenecji, a następnie rozwija obsesję na punkcie uderzająco pięknego polskiego chłopca o imieniu Tadzio. Choć pisarz nigdy nie rozmawia z chłopcem ani go nie dotyka, pochłania go pasja, która w końcu doprowadza go do ruiny, na tle epidemii cholery, która dotarła do Wenecji ze Wschodu. Chociaż jest to tylko krótki tekst, *Śmierć w Wenecji* jest jednym z najbardziej uznanych dzieł Manna i zainspirowała szereg adaptacji, w tym film, balet i operę.

Homoerotyzm powieści wywołał gorącą dyskusję, niektórzy krytycy twierdzą, że dzieło gloryfikuje pederastię. Nie jest to jednak jedyna możliwa interpretacja tego złożonego, zniuansowanego tekstu.

👁 WIEDZIAŁEŚ?

Śmierć w Wenecji została zainspirowana prawdziwą podróżą do tego miasta, którą Mann odbył z żoną. Hotel, w którym zatrzymali się małżonkowie, pojawia się w noweli i wydaje się, że Mann widział i pociągał go młody polski chłopak. Nie odważył się jednak śledzić go po mieście, jak czyni to Aschenbach w książce.

PODSUMOWANIE

ASCHENBACH UCIEKA DO WENECJI

Bohaterem *Śmierci w Wenecji* jest Gustaw von Aschenbach, wdowiec i uznany autor po pięćdziesiątce, który w uznaniu swoich osiągnięć artystycznych otrzymał niedawno arysto-kratyczną cząstkę "von". Jest bardzo powściągliwy, wykazuje się wyjątkową dyscypliną i oddaniem swojemu rzemiosłu, prowadzi spartańską egzystencję. Na początku noweli prze-chadza się po obrzeżach cmentarza, kiedy dostrzega dziw-nego rudowłosego mężczyznę, który agresywnie wpatruje się w niego. Jest rozdarty między ciekawością a wstydem, ale ostatecznie postanawia trzymać się od niego z daleka. Ogarnia go chęć podróżowania i ma wizję, że wchodzi na bagna jak ze snu, gdzie dzika przyroda tętni bujną, egzo-tyczną roślinnością, ale wydaje się być pełna ukrytych nie-bezpieczeństw. Niedługo potem postanawia wziąć urlop.

Aschenbach, który początkowo udaje się do Puli na wybrzeżu Cesarstwa Austro-Węgierskiego, uświadamia sobie, że zamiast tego miał pojechać do Wenecji i zatrzymać się w Grand Hôtel des Bains na wyspie Lido. W drodze na wyspę widzi grupę energicznych młodych ludzi i starszego pana, który nosi perukę, sztuczne zęby, mocny makijaż i młodzieżowe ubranie, próbując na próżno dopasować się do nich. Aschenbach jest zbulwersowany jego zachowaniem i niedojrzałą potrzebą zachowania utraconej młodości. Po przybyciu do miasta pisarz ma nieprzyjemne spotkanie z nielicencjonowanym gondolierem o rudych włosach i kościstej twarzy. Aschenbacha niepokoi lekkomyślny sposób, w jaki porusza się on po kanałach, ale mężczyzna odmawia powrotu do przystani gondoli. W końcu Aschenbach poddaje się i pozwala gondolierowi płynąć dalej.

ASCHENBACH PO RAZ PIERWSZY WIDZI TADZIA

Po zameldowaniu się w hotelu i przemyśleniu swoich dziwnych doświadczeń do tego momentu, Aschenbach schodzi na kolację, gdzie jego uwagę przykuwa polska rodzina. Jednym z nich jest uderzająco piękny chłopak, który wygląda na około 14 lat. Ubrany jest jak marynarz i przypomina posągi ze starożytnej Grecji. Natomiast starsze siostry chłopca są tak surowo ubrane, że wyglądają jak zakonnice. Aschenbach odkrywa, że chłopiec ma na imię Tadzio podczas wycieczki na plażę i choć wkrótce zaczyna mieć na jego punkcie obsesję, przekonuje sam siebie, że jego zainteresowanie jest czysto artystyczne i estetyczne.

Gorący i wilgotny klimat wkrótce zaczyna wpływać na zdrowie starzejącego się pisarza, więc postanawia on opuścić Wenecję wcześniej niż planował i udać się w przyjemniejsze miejsce. Wody miasta zdają się ostrzegać go, że jeśli tam zostanie, będzie w niebezpieczeństwie. Jednak w dniu, w którym ma wyjechać, widzi ponownie Tadzia i ogarnia go poczucie winy i żalu. Kiedy dociera na stację kolejową, zdaje sobie sprawę, że jego kufer został wysłany w niewłaściwe miejsce. Udaje, że jest zły z powodu pomyłki, ale w głębi duszy cieszy się, że ma pretekst, by zostać w mieście z Tadziem. Postanawia zostać w Wenecji do czasu odzyskania bagażu i wraca do swojego hotelu. Jest tak zauroczony chłopcem, że postanawia nie wyjeżdżać.

OBSESJA I CHOROBA

W ciągu kolejnych tygodni zainteresowanie Aschenbacha Tadziem osiąga obsesyjne rozmiary: nieustannie go obserwuje, a nawet jeździ za nim po Wenecji. Stara się przekonać samego siebie, że przypadkowo natrafia na chłopca, ale tak naprawdę przeszukuje ulice miasta w poszukiwaniu jego i jego sióstr, do tego stopnia, że zaczynają one podejrzewać jego intencje. Pewnej nocy Tadzio rzuca pisarzowi szeroki uśmiech, który opisuje jako "uśmiech Narcyza pochylonego nad swoim odbiciem w wodzie" (s. 93). Aschenbach jest zaniepokojony tym spotkaniem i w pośpiechu wychodzi z hotelu do opuszczonego ogrodu, gdzie w końcu przyznaje się przed sobą, że jego zainteresowanie Tadziem nie jest tylko artystyczne, ale że jest w nim zakochany.

Aschenbach udaje się z Lido do Wenecji, gdzie widzi znaki ostrzegające przed bliżej nieokreśloną chorobą i nakazujące ludziom nie jeść małży i ostryg. Następnie uświadamia sobie silny, nieznany zapach przenikający ulice Wenecji i zdaje sobie sprawę, że jest to środek dezynfekujący. Jednak władze i mieszkańcy miasta zdają się zaprzeczać powadze problemu, a turyści kontynuują wędrówkę podziwiając jego piękno, nieświadomi otaczającego ich niebezpieczeństwa.

Na początku Aschenbach nie chce przyjąć do wiadomości zagrożenia, jakie niesie ze sobą choroba, ponieważ lubi myśleć, że jest ona w jakiś sposób związana z jego pasją do Tadzia. Mniej więcej w tym czasie widzi trzeciego rudego, gruboskórnego mężczyznę, należącego do grupy ulicznych muzyków, którzy przyszli wystąpić dla gości hotelu. Aschenbach słucha ich piosenek, które są tak sprośne, że w jego dawnym życiu w Niemczech wzbudziłyby w nim obrzydzenie, jednocześnie ukradkiem obserwując Tadzia. W pewnym momencie chłopak spogląda na niego, co daje mu nadzieję na wzajemne przyciąganie. Kiedy muzyk zbliża się do niego, zdaje sobie sprawę, że mężczyzna wydziela ten sam ohydny zapach, który zauważa w całym mieście.

UPADEK I ZNISZCZENIE

Aschenbach próbuje wyprzeć Tadzia z pamięci i postanawia dowiedzieć się prawdy o ogłoszeniach zdrowotnych, które zostały rozwieszone w całym mieście. Po tym, jak wiele osób mówi mu, że jedynym powodem do zmartwień jest scirocco (rodzaj gorącego, uciążliwego wiatru występującego w Afryce Północnej i Europie Południowej), rozmawia z brytyjskim biurem podróży, które przyznaje, że epidemia cholery dotarła do Wenecji ze Wschodu i że jego życie będzie zagrożone, jeśli zdecyduje się tam zostać. Pisarz staje więc przed dylematem moralnym: jeśli ostrzeże matkę Tadzia, że pobyt w Wenecji jest niebezpieczny, postąpi etycznie i pomoże obiektowi swojego podziwu, ale rodzina opuści miasto, a on nie będzie mógł już zobaczyć chłopca. Postanawia zachować prawdę dla siebie i zostać w mieście, gdzie będzie mógł obserwować Tadzia.

Po tym, jak przez większość życia skupiał się na rozumowaniu i sprawach intelektualnych, Aschenbach zwraca uwagę na swoje starzejące się ciało i twarz. Chcąc zwiększyć swoją atrakcyjność fizyczną, udaje się do hotelowego fryzjera, który namawia go do przefarbowania włosów na naturalną czerń i zrobienia makijażu, by wyglądać młodziej. Nie zdając sobie z tego sprawy, Aschenbach zaczyna zachowywać się jak starzec z łodzi do Wenecji, którego uważał za odrażającego i śmiesznego. Zmieniwszy swój wygląd, pisarz zaczyna śledzić Tadzia po Wenecji w uciążliwym, nieprzyjemnym upale. Gdy w końcu gubi go w labiryncie ulic, jest tak wyczerpany i spragniony, że bez zastanowienia zjada kilka przejrzałych truskawek i idzie na plac, by odpocząć. Zastanawia się nad platońskim ideałem piękna i przypomina sobie filozoficzny dialog *Fajdrosa*, w epizodzie, który pokazuje, jak bardzo upadł od czasu, gdy po raz pierwszy ujrzał kruche piękno Tadzia.

Kilka dni później Aschenbach, który czuje się źle i słabo, schodzi do hotelowego lobby, gdzie dowiaduje się, że polska rodzina planuje wyjazd po obiedzie. Kieruje się na plażę i siada na tym samym leżaku, z którego od przyjazdu obserwował chłopca. Dziś Tadziowi nie towarzyszy matka, guwernantka ani siostry, ale bawi się nad morzem z przyjaciółmi, których poznał w trakcie pobytu. Wśród nich jest chłopiec o imieniu Jaschu, który stał się nierozłączny z Tadziem. Dwaj chłopcy dostać się do walki, a Jaschu szybko obezwładnia Tadzia i trzyma go pod wodą. Kiedy Tadzio się oswobodzi, przechodzi przez wodę i stoi patrząc w morze, po czym odwraca się i widzi swojego wielbiciela, który znów go obserwuje. Aschenbach ma wrażenie, że Tadzio zachęca go do pójścia za nim, ale kiedy próbuje wstać, w końcu przewraca się na bok swojego krzesła. W tym miejscu kilka minut później zostaje odkryte jego martwe ciało. Reszta świata opłakuje stratę szanowanego pisarza, ale zupełnie nie zdaje sobie sprawy z psychicznego zamętu, jaki towarzyszył mu w ostatnich dniach przed niespodziewanym odejściem.

⊚ OD STRONY DO EKRANU

W 1971 roku *Śmierć w Wenecji* została zaadaptowana na film *w* reżyserii uznanego włoskiego reżysera Luchino Viscontiego (1906-1976). Był to jeden z ostatnich filmów Viscontiego i jest powszechnie uważany za jedno z jego arcydzieł. Film, który był nominowany do Oscara za najlepszy projekt kostiumów, spowodował ponowne zainteresowanie powieścią i ogólnie twórczością Manna. W roli głównej wystąpił Dirk Bogarde jako Aschenbach i 17-letni Björn Andrésen jako Tadzio.

STUDIUM POSTACI

GUSTAW VON ASCHENBACH

Aschenbach to uznany niemiecki pisarz, który wykazuje wiele podobieństw do samego Manna. Jego mieszane pochodzenie (ojciec jest Niemcem, matka Czeszką) sprawia, że ma zarówno żelazną dyscyplinę graniczącą z obsesją, jak i wrodzoną zmysłowość, która popycha go do dążenia do artystycznej perfekcji. W wyniku artystycznej pracy jest wyczerpany i przedwcześnie postarzały, więc aby uciec od rutyny, decyduje się na podróż do egzotycznego miejsca. W początkach kariery jego pisarstwo było postrzegane jako transgresyjne i stanowiące wyzwanie dla istniejących konwencji, ale obecnie jego twórczość jest tak akceptowana, że uczy się jej w niemieckich szkołach. Podejście Aschenbacha do swojego rzemiosła również zmieniło się od czasu, gdy zaczął pisać, a idea przejścia od buntownika do postaci z establishmentu nie przeszkadza mu. Na początku noweli zmaga się z blokadą pisarską, którą przezwycięża, gdy podróżuje do Wenecji i widzi Tadzia. Jednak w chłopcu budzi się też perwersyjna obsesja, która prowadzi go do zdrady dawnych ideałów i pośrednio powoduje jego śmierć.

TADZIO

Ten młody polski chłopiec stanowi zarówno twórcze zbawienie Aschenbacha, jak i jego ruinę. Jest najmłodszym dzieckiem w swojej rodzinie. Jego matka jest bardzo elegancka i zdaje się go faworyzować, natomiast siostry ubierają się tak ponuro, że wyglądają jak zakonnice. Ma długie blond włosy, jest bardzo szczupły i blady, ma przebarwione szkliwo na zębach; rzeczywiście wygląda tak krucho, że Aschenbach nie śmie go dotknąć, a pisarz przewiduje, że umrze młodo, bo wydaje się taki chorowity. Mówi łagodnie i wydaje się szczęśliwy, gdy jest otoczony przez swoich bliskich. Jest jednak nieśmiały wobec nieznanych mu osób i często wymienia niepewne spojrzenia z adoratorką. Ma skłonność do wahań nastroju i szybko wpada w szał, ale równie szybko się potem uspokaja. Na przykład, złości się na rosyjską rodzinę na plaży, ale szybko przechodzi nad tym do porządku dziennego.

JASCHU

Jasiu jest najbliższym przyjacielem Tadzia w hotelu. Wydaje się go wielbić i zachowuje się jak jego sługa. Zarówno pod względem wyglądu, jak i osobowości jest zupełnym przeciwieństwem swojego przyjaciela: jest krępy i hałaśliwy, ma lśniące czarne włosy.

ANALIZA

FORMULARZ

Gatunek

Śmierć w Wenecji może być sklasyfikowana jako nowela psychologiczna, ponieważ skupia się na osobowości i życiu wewnętrznym bohatera oraz bada motywacje i okoliczności, które są odpowiedzialne za ich działania. Podczas gdy większość gatunków opiera się na czynnikach zewnętrznych, aby posunąć fabułę, narracje psychologiczne są bardziej oparte na charakterach i są przede wszystkim skoncentrowane na badaniu procesów psychicznych i emocjonalnych bohaterów. Często stosują techniki takie jak strumień świadomości i monologi wewnętrzne, aby szczegółowo zbadać motywy stojące za ludzkim zachowaniem.

Można więc powiedzieć, że prawdziwą scenerią *Śmierci w Wenecji* nie jest sama Wenecja, ale umysł Aschenbacha, ponieważ wszystko, czego czytelnik jest świadkiem, jest przefiltrowane przez jego perspektywę. Oznacza to, że rzeczywistość zewnętrzna jest mniej ważna niż jego postrzeganie tej rzeczywistości; w konsekwencji nie zawsze możemy być pewni, że wydarzenia opisane w noweli dzieją się naprawdę, ponieważ mogą być wymysłem jego wyobraźni lub zniekształcone przez jego perspektywę. Ponieważ nie wiemy, co myślą lub czują inni bohaterowie, musimy oprzeć naszą interpretację opowieści wyłącznie na poglądach

Aschenbacha. W związku z tym pojawia się szereg kluczowych pytań: czy Tadzio rzeczywiście patrzył na Aschenbacha i czy rzeczywiście miał przez to coś na myśli? Czy Aschenbach rzeczywiście widział dziwnych czerwonowłosych mężczyzn? Czy prawdziwa Wenecja jest w ogóle podobna do miasta przedstawionego w noweli, czy też Aschenbach widzi ją tak tylko dlatego, że trawi go gorączka i obsesja?

Struktura

Śmierć w Wenecji składa się z pięciu krótkich rozdziałów, z których każdy spełnia określony cel w ramach narracji i skupia się na konkretnym temacie:

- Pierwszy rozdział przedstawia powody, dla których Aschenbach odczuwa potrzebę podróżowania, aby wyrwać się z rutyny i zdyscyplinowanego życia. Opisuje również jego dziwne spotkanie z pierwszym czerwonowłosym mężczyzną, wprowadzając w ten sposób motyw, który będzie powracał przez resztę tekstu i odgrywał w nim ważną rolę symboliczną.

- Rozdział drugi stanowi krótką przerwę w narracji i zawiera obszerniejszy, szczegółowy portret osobowości Aschenbacha. Nakreśla jego pochodzenie, osobistą wizję estetyczną, refleksje na temat roli pisarza i metodyczną rutynę, która zajmuje jego dni.

- Trzeci rozdział opisuje jego przybycie do Wenecji, kiedy to widzi starca w łodzi i spotyka gondoliera. W tym rozdziale po raz pierwszy widzi Tadzia, który od razu go urzeka i który doprowadzi do jego upadku, choć on sam jeszcze o tym nie wie. Aschenbach zdaje sobie również sprawę, że miasto szkodzi jego zdrowiu, ale mimo to postanawia zostać, by móc obserwować Tadzia.

- W czwartym rozdziale Aschenbach śledzi ewolucję zainteresowania Tadziem w pełną obsesję. Zaczyna go śledzić i wymieniać z nim spojrzenia, czego kulminacją jest moment, w którym młody Polak po raz pierwszy się do niego uśmiecha.

- Piąty i ostatni rozdział stanowi serię zakończeń: Podupadające zdrowie Aschenbacha, cholera, która rozprzestrzenia się po ulicach Wenecji, oraz pokonanie Tadzia przez Jascha w walce przed opuszczeniem Wenecji wraz z rodziną. W tym rozdziale następuje ostateczny upadek moralny Aschenbacha, który decyduje się na ryzyko choroby i śmierci, aby móc czerpać duchową przyjemność z obserwowania młodego polskiego chłopca.

Odniesienia literackie, filozoficzne i mitologiczne

Śmierć w Wenecji zawiera bogaty gobelin odniesień do klasycznej mitologii greckiej oraz filozofii platońskiej i niemieckiej. Wspomina na przykład o Erosie (greckim bogu miłości) i dialogach Platona (grecki filozof, 428/7-348/7 p.n.e.), zawiera aluzję do książki Friedricha Nietzschego (niemiecki filozof, 1844-1900) z 1872 roku *Narodziny tragedii,* która odegrała ważną rolę w kształtowaniu niemieckiej i europejskiej myśli w XIX wieku i do dziś pozostaje centralnym tekstem niemieckiej filozofii.

Nietzsche czerpał inspirację z greckich bogów Apolla, którego uważał za reprezentanta piękna, racjonalności, równowagi i harmonii, oraz Dionizosa, boga wina, którego postrzegał jako reprezentanta świąt, ziemskich przyjemności, nieskrępowanej zmysłowości i ekstazy. Ustanowił dychotomię między tym, co apollińskie i dionizyjskie, ale w przypadku *Śmierci w Wenecji* te dwa elementy są u Aschenbacha niezrównoważone: do tej pory jego egzystencja była poświęcona intelektualizmowi i twórczej dyscyplinie (apollińskiej), a wszelkie dionizyjskie popędy tłumił. Jednak te impulsy zostają uwolnione, gdy jedzie do Wenecji i widzi Tadzia, co prowadzi do jego upadku i ostatecznej śmierci.

Ważną rolę w noweli odgrywa również dialog Platona – *Fajdros*. Jest to szczególnie widoczne pod koniec historii, kiedy Aschenbach przypomina sobie długi fragment tego tekstu, wiedząc, że definitywnie zboczył ze swojej ścieżki moralnej prawości i ścisłej dyscypliny. W dialogu tym Sokrates rozmawia z Fajdkiem o pięknie na krótko przed swoją śmiercią, a Aschenbach czerpie pociechę z myśli, że tylko piękno i wrażliwość mogą doprowadzić artystów do prawdziwego duchowego spełnienia. Znamienne jest również to, że fragment, który przywołuje Aschenbach, pojawia się pod koniec dialogu, kiedy Sokrates żegna się z młodym Phaedo.

TEMATY

Podróż

O powodach, dla których Aschenbach chce podróżować, dowiadujemy się już na pierwszych stronach noweli, a kiedy widzi rudowłosego mężczyznę na cmentarzu, ogarnia go palące pragnienie ucieczki. Ma żywy sen o idyllicznym miejscu z obfitą bujną roślinnością, ale gdzie niebezpieczeństwa czają się tuż pod powierzchnią. Postanawia wyruszyć w podróż, aby na nowo rozbudzić swoją twórczą iskrę, która po latach skrupulatnej pracy wydaje się wygasać. Tym razem nie zadowoli się zwykłymi wakacjami, jak coroczny wyjazd do domu w górach, ale zrobi coś innego, inspirowanego wspomnieniami i nostalgią za utraconą młodością. Gdy planowana wycieczka do Puli nie spełnia jego oczekiwań, wyrusza do zmysłowej, tajemniczej Wenecji. Zmiana scenerii wywołuje w nim zmiany, a podróż do Wenecji jest odzwierciedleniem wewnętrznej podróży, która pozwala mu zrozumieć, kim naprawdę jest.

Przemiana Aschenbacha w trakcie trwania noweli stanowi sedno historii i napędza fabułę. Choć nie wie o tym, kiedy opuszcza dom, by podróżować, schodzi z moralnie uczciwej ścieżki, którą podążał przez całe życie. To tak jakby coś w nim lub ukryte niezadowolenie z obecnego życia zmuszało go do porzucenia surowej dyscypliny, która zawsze rządziła jego egzystencją. Czuje, że jest w nim coś tajemniczego, co zawsze tłumił, a co teraz chce odkryć. Jego intensywne pragnienie podróży staje się jasne już na pierwszych stronach noweli:

> *"Była to chęć podróżowania, nic więcej; ale przedstawiała się ona w formie prawdziwego napadu, wzmożonego do granic namiętności; w rzeczywistości była to jakby ułuda zmysłów. Jego pragnienie było jasnowidzące; jego wyobraźnia, która jeszcze nie odpoczęła od godzin pracy, przywołała reprezentatywną próbkę wszystkich cudów i strachów zróżnicowanej ziemi [...]" (s. 7)*

Kiedy Aschenbach decyduje się na podróż do Wenecji, po krótkim postoju w Puli, jego egzystencja staje się coraz bardziej dziwna i skomplikowana, a czytelnik zaczyna odczuwać, że w jego świecie nie wszystko jest w porządku. W drodze do miasta widzi starca ubranego jak młodzieniec, który na próżno próbuje ukryć swój wiek i dopasować się do grupy młodzieży, a obraz tego człowieka towarzyszy mu przez całą nowelę. Przypomina go sobie po przybyciu do hotelu i zapowiada jego los, choć na początku nie jest tego świadomy.

Po przybyciu do Wenecji, kiedy próbuje dostać się na wyspę Lido, ma kolejne dziwne spotkanie z nielicencjonowanym gondolierem. Choć Aschenbach początkowo nie ufa temu szorstkiemu, niegrzecznemu człowiekowi, w końcu pozwala mu się przewieźć po kanałach miasta. Obrazowość tego epizodu jest znacząca: gondola zostaje porównana do trumny, a gondolier przywołuje postać Charona, przewoźnika, który w mitologii greckiej przenosi dusze do świata zmarłych. Porównanie to zostaje wzmocnione, gdy Aschenbach zastanawia się, że gondolier mógłby go przewieźć do Hadesu i nie miałby z tym problemu. To tak, jakby miał życzenie śmierci, wrażenie, które wzmocni się w dalszej części narracji.

Podróż Aschenbacha zdaje się kończyć, gdy widzi Tadzia, który wzbudza w nim uczucie, jakiego nigdy wcześniej nie doświadczył. Wewnętrzna podróż pisarza i jego nieuchronny upadek rozpoczynają się w momencie pojawienia się chłopca, który całkowicie go oczarowuje. Tadzio służy mu za przewodnika po żywiołowej, zmysłowej, ale i nieuchronnie niebezpiecznej przygodzie, którą wyobrażał sobie na cmentarzu.

Śmierć

Do tego motywu nawiązuje tytuł powieści i jest on wszechobecny w całej historii. Od pierwszego spotkania Aschenbacha z rudowłosym mężczyzną na cmentarzu, wszystkie inne dziwne postacie, które spotyka, są związane ze śmiercią. Na przykład, gdy widzi starca na statku do Wenecji, uderza go, jak zaciekle trzyma się on utraconej młodości, jakby nie chciał zaakceptować upływu czasu, który nieuchronnie prowadzi do śmierci.

Podobnie gondolier przypomina postać Charona i zdaje się wzbudzać w pisarzu swoiste życzenie śmierci:

> *"Któż mógłby nie odczuć przelotnego dreszczu, sekretnej nieśmiałości i niepokoju przy wsiadaniu do weneckiej gondoli po raz pierwszy lub po długiej nieobecności? Ten dziwny środek transportu [...] przypomina wyciszone przygody kryminalne w nocy, którym towarzyszy tylko cichy plusk wody; jeszcze bardziej przypomina samą śmierć, łoże i ponury pogrzeb oraz ostatnie milczące przejście." (p. 35)*

Ten ruch po kanałach Wenecji przywołuje niebezpieczeństwa miasta i koniec podróży Aschenbacha, której zwieńczeniem będzie jego śmierć. Po zameldowaniu się w hotelu uświadamia sobie, że z wód miasta unosi się ohydny smród. To jeden z wielu znaków ostrzegawczych, które powtarzają się w całej noweli, ale które pisarz niezmiennie ignoruje. Miasto wydaje się ostrzegać go przed zbliżającym się upadkiem, ale on ma taką obsesję na punkcie Tadzia, że jest gotów zaakceptować ryzyko, jakie niesie ze sobą pozostanie w nim.

Biorąc pod uwagę ostrzeżenia zdrowotne i wyraźne wskazówki, że w Wenecji nie wszystko jest w porządku, oczywiste jest, że Aschenbach powinien był uciec, gdy tylko miał taką możliwość. W tym momencie dochodzi do kolejnego spotkania z dziwną postacią: surową rudowłosą śpiewaczką, która przewodzi grupie ulicznych muzyków przybyłych do hotelu. To chyba najbardziej wstrząsające spotkanie, bo pokazuje, jak bardzo Aschenbach zmienił się w trakcie pobytu: o ile dawny Aschenbach brzydził się bufonowatym, obscenicznym zachowaniem śpiewaka, o tyle tym razem zostaje na cały występ, by móc być blisko Tadzia. Ponadto śpiewak wydziela odór choroby i rozkładu, jakby był żywym wcieleniem zarazy, która niepostrzeżenie rozprzestrzenia się po Wenecji; w ten sposób jego pojawienie się służy zwiastowaniu zbliżającego się upadku i śmierci Aschenbacha. Mimo tego znaku ostrzegawczego pisarz podjął już decyzję i zamierza pozostać w mieście do czasu wyjazdu Tadzia. To prowadzi do jego upadku: kiedy dowiaduje się, że chłopiec wraca do domu, Aschenbach jakby rezygnuje z życia, umiera, patrząc po raz ostatni na obiekt swojej obsesji.

Młodość i starość

Nowela stanowi rozbudowaną refleksję nad upływem czasu i tym, że młodość nieuchronnie przemija i ustępuje miejsca starości. Aschenbach znalazł się w takim punkcie swojego życia, w którym upływające lata zaczynają dawać mu się we znaki, co jest subtelnie sugerowane w całej narracji. To być może jest powodem jego gorącego pragnienia, by podróżować, zmienić rutynę i żyć inaczej.

Jednym z najbardziej niepokojących obrazów w narracji jest staruszek na łodzi, gdy Aschenbach przybywa do Wenecji. W tym fragmencie pisarza niepokoi daremna próba zatrzymania upływu czasu: natychmiast dostrzega jego makijaż, sztuczne zęby i perukę, i jest skonsternowany faktem, że nikt inny nie wydaje się tym przejmować:

> *"Czy nie wiedzieli, czy nie zauważyli, że jest stary, że nie wypada, by nosił ich znoszone, kolorowe ubrania, nie wypada, by grał rolę jednego z nich? Jak się wydaje, znosili go pośród siebie jako rzecz oczywistą i zwyczajną, traktowali go jak jednego z nich, bez skrupułów oddawali jego dokuczliwe szturchańce w żebra." (p. 29)*

Starzec nie może nadążyć za młodymi ludźmi, w końcu upija się i robi z siebie głupka. Fakt, że to właśnie ten starszy pijak wita Aschenbacha w mieście i życzy mu miłego pobytu, można uznać za symboliczny. Starzec wywiera na pisarzu głęboki wpływ, a po powrocie do hotelu wciąż o nim myśli. Szybko jednak zapomina o nim, gdy po raz pierwszy widzi Tadzia.

Polski chłopiec reprezentuje piękno młodości, a opisujące go fragmenty są świadectwem wagi, jaką zarówno Aschenbach, jak i Mann przywiązują do wigoru i witalności młodych. Jednak jego blada skóra i przebarwione szkliwo zębów sprawiają wrażenie, że jego zdrowie jest kruche. Aschenbach wielokrotnie zapewnia, że Tadzio nie dożyje sędziwego wieku, i można sugerować, że pisarz skrycie tęskni za tym losem, by odejść z tego świata w pełni sił i nie być narażonym na upokorzenia związane ze starzeniem się.

Jeden z najbardziej pamiętnych i znaczących epizodów w noweli pojawia się pod koniec narracji, kiedy Aschenbach składa wizytę hotelowemu fryzjerowi i prowadzą niepokojącą rozmowę o zaletach młodości. Fryzjer sugeruje, że pisarz mógłby użyć makijażu, aby odzyskać pozory utraconej młodości. Aschenbach zmienia swój wygląd, farbując włosy i nakładając na twarz kremy i rumieńce. Aschenbach jest zachwycony swoją przemianą, a fryzjer mówi mu, że jest gotowy do wyjścia i zakochania się. Nie zdając sobie z tego sprawy, pisarz zamienił się w starca, którym tak bardzo się brzydził, gdy po raz pierwszy przybył do miasta. Uległ czarowi Wenecji i Tadzia, a oni go zmienili. Siedząc samotnie na pustym placu, pokryty makijażem i udając o wiele młodszego niż jest w rzeczywistości, Aschenbach zastanawia się nad *Fajdrosem,* dialogiem o pięknie i młodości.

DALSZA REFLEKSJA

KILKA PYTAŃ DO PRZEMYŚLENIA...

* Pod koniec noweli Aschenbach przemierza ulice Wenecji w delirium spowodowanym gorączką. Co to oznacza w kontekście jego moralnej przemiany?

* Dlaczego Aschenbach porównuje Tadzia z Erosem? Co symbolizuje to porównanie?

* Dlaczego fakt, że Aschenbach nigdy nie dotyka Tadzia jest ważny?

* Czy uważasz, że mężczyzna na cmentarzu, starzec na łodzi, gondolier i uliczny muzyk to ta sama osoba? Uzasadnij swoją odpowiedź.

* Co symbolizują w powieści łodzie?

* Czy Aschenbach umiera szczęśliwie?

* Co symbolizują rudowłosi mężczyźni w noweli? Uzasadnij swoją odpowiedź.

DALSZE CZYTANIE

WYDANIE REFERENCYJNE

Mann, T. (2001) *Death in Venice & A Man and His Dog/Der Tod in Venedig & Herr und Hund*. Trans. Applebaum, S. Mineola: Dover Publications, Inc.

BADANIA REFERENCYJNE

García Cueto, P. (2014) Muerte en Venecia: el arte, el deseo y la muerte. De Thomas Mann a Visconti. *Fronterad*. [Online]. [Dostęp 11 kwietnia 2018]. Dostępny w: <http://www.fronterad.com/?q=muerte-en-venecia-arte-deseo-y-muerte-thomas-mann-a-visconti>.

Trias, E. (1978) *Conocer Thomas Mann y su obra*. Barcelona: Editorial Dopesa.

ZALECANA LEKTURA

Hayman, R. (1997) *Thomas Mann: A Biography*. London: Bloomsbury.

Robertson, R. ed. (2009) *The Cambridge Companion to Thomas Mann*. Cambridge: Cambridge University Press.

ADAPTACJE

Britten, B. (1973) *Śmierć w Wenecji*. Opera, premiera na Aldeburgh Festival, Anglia.

Śmierć w Wenecji (1971) [Film]. Luchino Visconti. Reżyseria Włochy/Francja/USA: Alfa Cinematografica, Warner Brothers.

Chcemy usłyszeć od Ciebie, co się dzieje!
Zostaw komentarz na temat swojej internetowej biblioteki
i podziel się swoimi ulubionymi książkami w mediach społecznościowych!

Dlaczego warto wybrać Must Read?

Dowiedz się wszystkiego, co musisz wiedzieć o książce dzięki naszym zwięzłym i dogłębnym streszczeniom i analizom!

Odkryj to, co najlepsze w literaturze w zupełnie nowym świetle!

ANALIZA KSIĄŻKI

Sekret

Philippe Grimbert

ANALIZA KSIĄŻKI

Wiadomość w butelce

Valérie Zenatti

ANALIZA KSIĄŻKI

Witaj, smutku

Françoise Sagan

ANALIZA KSIĄŻKI

Obcy

Albert Camus

ANALIZA KSIĄŻKI

Kandyd, czyli optymizm

Voltaire

ANALIZA KSIĄŻKI

Oskar i pani Róża

Éric-Emmanuel Schmitt

www.50minutes.com

www.50minutes.com

Master ISBN: 9782808694797
Papierowy ISBN: 9782808616195
Depozyt prawny: D/2023/12603/1899

Verhaal: © Primento

Projekt cyfrowy: Primento, cyfrowy partner wydawców.